KINDERBUCHKLASSIKER ZUM VORLESEN

Über diese Geschichte...

Bestimmt hast du schon von ihm gehört – von Mowgli, dem Jungen, der im Dschungel bei einer Wolfsfamilie aufwächst. Weißt du jedoch, dass es bereits über hundert Jahre her ist, seit sich der englische Schriftsteller Rudyard Kipling diese Geschichten von Mowgli und seinen tierischen Freunden ausgedacht hat? Rudyard Kipling wurde in Indien geboren und hat viele Jahre dort gelebt. Nachdem er das Land verlassen hatte, plagte ihn oft die Sehnsucht nach den Farben und der freien Natur Indiens, und so schrieb er 1894 „»Das Dschungelbuch«. Die Kinder liebten die Geschichten – damals wie heute. Vielleicht deshalb, weil hier endlich einmal Tiere auftraten, die nicht nur verkleidete Menschen waren, sondern die wie Tiere handelten. Der Autor Rudyard Kipling wurde jedenfalls durch sein »Dschungelbuch« weltberühmt. Und mit ihm Mowgli, der Panther Baghira, der Bär Balu, die Schlange Kaa, der gefährliche Tiger Schir Khan und viele mehr.

RUDYARD KIPLING

Das Dschungelbuch

Die Mowgli-Geschichte

Neu erzählt von
Maria Seidemann

Mit Illustrationen von
Ute Thönissen

Arena

7. Auflage 2011
© 2001 Arena Verlag GmbH, Würzburg
Alle Rechte vorbehalten
Die Originalausgabe erschien unter dem Titel
The Jungle Books erstmals 1894 bei Macmillan, London.
Für diese Ausgabe neu erzählt von Maria Seidemann
Umschlag- und Innenillustrationen von Ute Thönissen
Gesamtherstellung: Westermann Druck Zwickau GmbH
ISBN 978-3-401-05255-7

www.arena-verlag.de

Inhalt

Der neue Bruder	7
Die Versammlung der Wölfe	14
Mowgli und die grauen Affen	25
Der Adler und die Schlange	33
In der verlassenen Stadt	39
Die Rote Blume	47
Die Hütten der Menschen	55
Der Kampf mit dem Tiger	63
Mowglis Heimkehr	73

Der neue Bruder

Die Nacht sank auf die Sioni-Berge herab. Langsam ließ die Hitze des Tages nach. Über dem Dschungel ging silbern der Mond auf.
Der Wolf erwachte in seiner Höhle. Er weckte die Wölfin und die vier Wolfsjungen. »Es ist Zeit, auf die Jagd zu gehen!«
Plötzlich verdunkelte ein kleiner Schatten den Höhleneingang. Die Wölfe erkannten Tabaqui, den Schakal. Er war unter den Tieren des Dschungels nicht besonders angesehen, denn er ging niemals selber auf die Jagd. Wenn Tabaqui hungrig war, bettelte er bei den Tigern und Wölfen um Reste von ihrer Beute. Oder er wühlte in den Abfallhaufen hinter den Hütten am Waingunga-Fluss, wo die Menschen wohnten.
Tabaqui war als Klatschmaul bekannt. Besonders gern verbreitete er Lügen, und er redete schlecht über jeden. Deshalb waren die Wölfe nicht erfreut über seinen Besuch.
»Was willst du?«, fragte der Wolf. »Hier gibt es nichts zu fressen.«
»Ich bringe Neuigkeiten!«, behauptete Tabaqui. »Schir Khan, der mächtige Tiger, hat sein Jagdrevier in die Sioni-Berge verlegt!«
Erschrocken blickten die Wolfskinder den Schakal an.
»Hierher, in unsere Berge?«, knurrte der Wolf. »Das darf er nicht! Auch ein Tiger muss die Regeln des Dschungels einhalten!«
Der Schakal stieß ein meckerndes Lachen aus. »Der starke

Schir Khan braucht niemanden um Erlaubnis zu fragen. Er tut, was er will! Fürchtet euch, ihr Wölfe!«
Die Wölfin stieß ihre Kinder mit der Pfote an. »Habt keine Angst! Schir Khan ist nicht so stark und mächtig, wie der Schakal behauptet! Seine Mutter hat ihn immer Langri den Lahmen genannt, weil er von Geburt an hinkt. Deshalb kann er nicht schnell genug rennen und nicht leise genug schleichen! Langri war nie ein richtiger Jäger! Er hat immer nur die Kühe der Menschen gerissen. Darum machen die Dorfbewohner vom Waingunga-Fluss jetzt Jagd auf ihn. Der Tiger verlegt nicht sein Revier, meine Kinder, sondern er ist auf der Flucht vor den Menschen. Und die werden ihm folgen bis hierher in die Sioni-Berge. Sie werden den Dschungel durchkäm-

men und das Gras in Brand setzen, um ihn zu fangen. Vielleicht werden wir alle von hier fortgehen müssen. Wahrhaftig, der lahme Langri ist eine Plage!«

»Ich werde dem großen Schir Khan berichten, wie respektlos du über ihn sprichst!«, sagte Tabaqui.

Zornig richtete sich der Wolf auf. »Scher dich aus meiner Höhle!«

Tabaqui kicherte. »Ich bin schon weg! Spitzt eure Ohren! Hört ihr? Da kommt er schon, der gewaltige Schir Khan.«

Tatsächlich war aus dem Tal das Gebrüll eines hungrigen Tigers zu hören – eines Tigers, der nichts gefangen hatte.

»So ein Dummkopf!«, sagte der Wolf verächtlich. »Wenn er so einen Lärm macht, wird er in dieser Nacht keinen einzigen Bock jagen.«

»Still!« Die Wölfin stellte ihre spitzen Ohren auf. »Ich glaube, er ist nicht auf der Jagd nach einem Bock. Er ist auf Menschenjagd unterwegs! Und das bedeutet für uns alle nichts Gutes!«

Der Wolf nickte. Die Gesetze des Dschungels verboten es jedem Tier, Menschen zu töten. Denn immer wenn ein Mensch getötet worden war, kamen viele andere Menschen mit Fackeln und Gewehren, um Rache zu nehmen. Und dann hatten alle Tiere im Dschungel zu leiden.

Wieder ertönte das Gebrüll des Tigers. Aber auf einmal stieß Schir Khan ein lautes Gejammer aus.

Die Wölfin steckte den Kopf aus der Höhle und äugte ins Tal hinab. »Der Tiger hat seine Beute verfehlt. Ins Lagerfeuer eines Holzfällers ist er gesprungen! Und der Schakal leckt ihm nun die verbrannten Pfoten.«

Die jungen Wölfe lachten.

Aber ihre Mutter hob warnend den Kopf. Irgendetwas näherte sich der Höhle. Ein Zweig knackte, ein Blatt raschelte ...
Der Wolf duckte sich zum Sprung. Doch dann blieb er verblüfft stehen. Vor ihm tauchte ein Kind aus den Büschen auf. Ein winziger nackter Junge, der gerade erst laufen gelernt hatte.
»Ein Menschenjunges!«, staunte die Wölfin. »Ich habe noch nie eins aus der Nähe gesehen. Bring es her!«
Der Wolf packte das Kind vorsichtig mit den Zähnen und trug es in die Höhle. Neugierig schnupperten die Wolfskinder an dem Jungen und beäugten ihn im blassen Mondlicht.
»Wie klein er ist, und was für hübsche glatte Haut er hat!«, murmelte die Wolfsmutter zärtlich. »Seht doch, er hat überhaupt keine Angst. Er gefällt mir. Wir behalten ihn.«

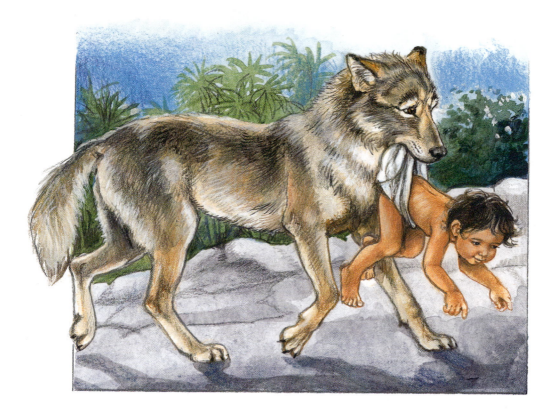

Plötzlich aber erfüllte Schir Khans schreckliche Stimme die Höhle.

»Ihr behaltet ihn nicht, denn er gehört mir!«

Der Tiger versuchte seinen Kopf durch den schmalen Spalt im Felsen zu schieben.

Die Wölfe ließen sich nicht einschüchtern, denn sie wussten, dass der Höhleneingang zu eng war für Schir Khans Körper.

»Was gehört dir, du lahmer Langri?«, spottete die Wölfin.

»Ich habe genau gesehen, wie das Menschenjunge in die Höhle gelaufen ist!«, hetzte der Schakal draußen in der Dunkelheit.

»Gebt meine Beute heraus!«, schrie der Tiger.

Aber der Wolf antwortete: »Wir Wölfe sind ein freies Volk. Wir

nehmen keine Befehle von Räubern und Menschenfressern entgegen.«

Mit einem Satz sprang die Wölfin zum Höhleneingang. Ihre Augen sprühten grüne Blitze, als sie leise und drohend zu dem Tiger sagte: »Das Menschenkind gehört mir. Ich werde es großziehen als mein eigenes Junges. Es wird im Wolfsrudel leben und mit den Wölfen jagen. Und jetzt verschwinde, oder ich schlage meine Zähne mitten in dein hässliches Gesicht!«

Voller Schadenfreude sahen die jungen Wölfe zu, wie der Tiger seinen Kopf und seine verbrannte Pfote aus der Höhlenöffnung zog und vor ihrer Mutter davonlief. Im Mondlicht war deutlich zu sehen, wie der Tiger durch das Tal hinkte, gefolgt von dem eifrigen Tabaqui.

»Wie heißt denn unser neuer Bruder?«, fragte das älteste Wolfsjunge.

»Ich werde ihn Mowgli nennen«, antwortete die Wölfin. »Weil er so winzig und so glatt ist. Denn Mowgli bedeutet: Kleiner Frosch.«

Nachdenklich betrachtete der Wolf seinen neuen Sohn. Mowgli lag auf dem kühlen Steinboden der Höhle, zwischen den Pfoten der beiden jüngsten Wölfe. Er war eingeschlafen.

Die Versammlung der Wölfe

Am Rande der Sioni-Berge erhob sich ein flacher, mit Steinbrocken bedeckter Hügel. Einmal in jedem Monat, immer bei Vollmond, versammelten sich hier die Wölfe. Aus allen vier Himmelsrichtungen kamen sie zusammen, um über wichtige Angelegenheiten des Rudels zu beraten.

Auch Mowglis Wolfseltern verließen ihre Höhle. Gemeinsam mit den vier Wolfskindern und dem Menschenjungen machten sie sich auf den Weg.

Als sie mit dem Anbruch der Dunkelheit bei dem Hügel ankamen, warteten dort schon mehr als hundert Wölfe. Es hatte sich herumgesprochen, dass in dieser Nacht etwas ganz Besonderes besprochen werden musste. Ein Menschenjunges sollte in das Rudel der Sioni-Wölfe aufgenommen werden!

So etwas hatte es noch nie gegeben. Deshalb drängten sich rings um den Hügel auch viele andere Tiere. Alle wollten sie Mowgli den Frosch sehen, den eine Wolfsfamilie als eigenes Kind angenommen hatte.

Auf einem glatten Felsen lag der alte graue Leitwolf Akela. In seinem langen Wolfsleben hatte er viel Merkwürdiges gesehen, viele Gefahren bestanden.

Akela war stark und klug. Er kannte die Eigenschaften und Besonderheiten der Tiere wie der Menschen. Einmal hatten ihn Jäger umzingelt und beinahe totgeschlagen. Zweimal war er in Fallen geraten und hatte sich selbst daraus befreit. Drei-

mal hatten ihn andere Wölfe zum Kampf aufgefordert, weil sie selber das Rudel anführen wollten. Aber Akela hatte sie alle besiegt. Sein Pelz war grau geworden und von Narben durchfurcht. Doch seine Zähne und sein Verstand waren so scharf wie in seiner Jugendzeit.

Akela ließ die Augen über den Hügel und über die versammelten Wölfe schweifen. Nachdenklich betrachtete er das Menschenjunge. Mowgli hockte inmitten seiner vier Brüder am Boden und spielte mit Steinen.

Langsam stieg der Vollmond hinter den Berggipfeln auf und tauchte den Hügel in helleres Licht. Da war plötzlich Mowglis kleiner glatter Körper zwischen den dunklen Pelzen seiner Wolfsbrüder ganz deutlich zu sehen. Das Rudel drängte sich zusammen, um ihn aus der Nähe zu betrachten.

»Wirklich, ein echtes Menschenjunges!«, murmelten die alten Wölfe.

Und die Jungen fragten vorlaut: »Was hat so ein nackter Frosch im Sioni-Rudel zu suchen?«

»Ruhe, ihr Wölfe!«, rief Akela und erhob sich auf seinem Felsen. »Ihr alle wisst, warum wir uns heute versammeln. Soll Mowgli das Menschenkind in das Rudel aufgenommen werden? Soll er alles lernen, was ein richtiger Wolf können muss? Soll er mit den Wölfen jagen, wenn er herangewachsen ist? Und wollen wir seine Meinung gleichberechtigt hören auf unserem Ratshügel? – Seht ihn euch genau an, ihr Wölfe! Schaut genau hin! Wenn zwei Stimmen aus dem Rudel für ihn sprechen, dann darf er einer von uns werden.«

Mowglis Eltern standen mit angespannten Muskeln neben ihren Jungen. Sie selbst mussten bei der Beratung über ihr neues Kind schweigen und durften nicht mit abstimmen.

Die Wolfsmutter flüsterte: »Wenn das Rudel Mowgli nicht aufnimmt, dann müssen wir ihn im Dschungel aussetzen. So verlangt es das Gesetz der Wölfe. Aber er ist so klein, so weich! Der Tiger würde ihn aufspüren und fressen. Wenn das Rudel ihn ablehnt, werde ich für ihn kämpfen!«

Leise antwortete der Wolfsvater: »Ich weiß, dass du ihn genauso liebst wie unsere anderen Kinder. Wir werden ihn nicht aussetzen. Eher verlassen wir das Rudel. Ich bin stark und schnell, du bist klug und umsichtig. Wir können allein in den Sioni-Bergen leben und unsere Kinder ohne den Schutz des Rudels großziehen.«

»Schaut genau hin!«, rief Akela wieder.

Und die Wölfe umringten Mowgli, beschnüffelten seinen Körper, betasteten sein Gesicht.

»Schaut genau hin. Wie entscheidet ihr euch? Soll das Menschenkind in unserem Rudel leben und ein Wolf werden?«

Da drang ein lautes Knurren hinter den Felsen hervor. Der Tiger Schir Khan hatte die Wolfsversammlung belauscht.

»Der kleine Mensch gehört mir!«

Schir Khan kam aus seinem Versteck. Er richtete sich zu seiner Furcht erregenden Größe auf und fauchte die Wölfe an: »Ihr dürft ihn nicht in eure Gemeinschaft aufnehmen! Gebt ihn her!«

»Das freie Volk der Wölfe lässt sich nichts befehlen!«, sagte Akela ruhig. »Hört nicht auf Schir Khan! Er gehört nicht zum Rudel. Also, wer spricht für das Menschenjunge?«

Aber kein einziger Wolf antwortete. Niemand wollte sich den Tiger zum Feind machen.

Mowgli saß immer noch auf der Erde, zeigte mit dem Finger auf den Tiger und lachte. Er war zu klein, um die Gefahr zu verstehen.

Aber seine Wolfseltern stellten sich über ihn, sodass sie ihn mit ihren Körpern schützten. Auch die kleinen Wölfe erhoben sich und fletschten die Zähne.

Einen Augenblick lang war es ganz still, nur der gierige Atem des Tigers war zu hören.

Wieder sagte Akela: »Wer spricht für Mowgli? Überlegt gründlich, ehe ihr den kleinen Frosch dem sicheren Tod aussetzt. Schaut genau hin, ihr Wölfe!«

Da erhob sich eine andere fremde Stimme vom Rand des Hügels: »Ich spreche für das Menschenkind!«

Eine dunkle Gestalt näherte sich Akelas Felsbrocken – eine Gestalt, die genauso groß und mächtig war wie der Tiger Schir Khan.

»Das ist Balu, der Bär!«, flüsterten Mowglis Brüder. »Balu, der Lehrer der Wolfskinder!«

»Warum wollt ihr ihn nicht aufnehmen?«, fragte Balu. »Jeder weiß, dass die Menschen Feinde der Wölfe sind. Aber ein so winziges Menschenkind wird dem Rudel nicht schaden, im Gegenteil! Ich selber werde ihn unterrichten. Und wenn er erwachsen ist, wird er aussehen wie ein Mensch, aber er wird denken und handeln wie ein Wolf. Dann kann er dem Rudel sehr nützlich sein!«

Der Tiger schnaubte höhnisch. Aber er wagte dem Bären nicht laut zu widersprechen.

»Balu hat Recht!«, sagte Akela. »Aber wir brauchen noch einen zweiten Fürsprecher. Wer will noch für Mowgli sprechen?«

»Ich spreche für ihn«, schnurrte eine sehr sanfte Stimme am

Rande des Hügels. Diese Stimme gehörte Balus Freund und Gefährten Baghira, dem schwarzen Panther.

»Ha!«, lachte der Tiger. »Diese zwei Stimmen zählen nicht. Bist du schon so alt, Akela, dass du Panther und Bären nicht von den Wölfen deines Rudels unterscheiden kannst? Dein Rudel schweigt, kein einziger Wolf spricht für das Menschenjunge! Nur eure Meinung zählt, ihr Wölfe, lasst euch nicht überlisten!«

Lautlos glitt Baghira in die Mitte der Wolfsversammlung. Sein Fell war schwärzer als der Nachthimmel, und seine Augen glitzerten gefährlich.

»Ich weiß selber, dass ich kein Wolf bin, Schir Khan!«, sagte er und lächelte, sodass seine messerscharfen Zähne im Mondlicht aufblitzten. »Aber bedenkt, ihr Wölfe des Sioni-Rudels! Balu ist der Lehrer eurer Kinder, und er hat euch schon man-

chen guten Rat gegeben. Seine Stimme zählt auf jeden Fall. Und meine eigene Stimme gefällt euch vielleicht besser, wenn ich euch sage, dass ich ein Geschenk für euch habe. Ein nahrhaftes, wohlschmeckendes Geschenk!«

Ein Geschenk? Die jungen Wölfe des Rudels knurrten hungrig. »Was ist es? Sag schon, Baghira!«

»Ich habe vorhin einen wilden Ochsen gejagt. Er liegt am Rande des Dschungels, dort unten im Tal. Zartes frisches Ochsenfleisch! Also, was sagt ihr?«

»Klar, wir sprechen für das Menschenjunge! Nehmt es ins Rudel auf, und fertig. Wo liegt der Ochse?«

Baghira lächelte mit zusammengekniffenen Augen. »Ich zeige ihn euch.«

»Halt, ihr Dummköpfe!«, schrie der Tiger.

Aber das Wolfsrudel stürmte schon den Hügel hinab. Vorneweg rannten die jungen Tiere, angetrieben von der Vorfreude auf die leckere Mahlzeit.

Die älteren Wölfe zögerten nicht und folgten ihnen zügig. Auch ihnen war der fette Wildochse wichtiger als der Streit um ein nacktes Menschenkind.

Zurück blieben nur Mowglis Familie, der Bär Balu und der graue Akela.

»Nehmt den kleinen Menschen mit nach Hause«, sagte Akela zu den Wolfseltern. »Er gehört von heute an zum Rudel. Erzieht ihn, wie es sich gehört für einen jungen Wolf!«

Die Wolfsmutter packte Mowgli sanft mit den Zähnen und trug ihn davon. Der Wolfsvater und die vier Jungen trabten hinter ihr her und verschwanden in den dunklen Bergen.

»Das war eine richtige Entscheidung!«, sagte Balu zu Akela.

Akela nickte. »Ich weiß, dass die Menschen kluge Wesen sind.

Wenn Mowgli heranwächst, wird seine Klugheit dem Rudel helfen.«

»Ja, du wirst Hilfe brauchen, Akela!«, höhnte der Tiger. »Du bist alt. Lange wirst du das Rudel nicht mehr führen können. Die jungen Wölfe werden dich verdrängen. Dann wird dir der Nacktfrosch bestimmt beistehen! Der Frosch, den du dir gekauft hast für einen toten Ochsen und für das Wort eines dummen Bären!«

Die Felsen warfen das Echo von Schir Khans bösem Lachen zurück.

Aber Balu drehte sich zu dem Tiger um und hob die Tatze. »Sagtest du: Dummer Bär?!«

Der Tiger machte einen Satz rückwärts. Die Brandwunden an

seinen Pfoten waren noch nicht verheilt, und er hatte keine Lust auf einen Kampf mit dem starken Balu. Außerdem hatte er heute noch nichts gefressen. Deshalb drehte er sich schnell um und rannte den Hügel hinunter. Er wollte der Spur von Baghira folgen, um einen Teil des Ochsen für sich zu fordern. Denn schließlich war sein Magen nur deshalb so leer, weil er darauf verzichtet hatte, den Nacktfrosch Mowgli zu fressen!

Mowgli und die grauen Affen

Mowgli wuchs mit seinen Wolfsbrüdern heran. Gemeinsam lernten sie von ihren Eltern das Jagen. Und gemeinsam lernten sie alles, was ein Wolf kennen muss: die Geräusche und Gerüche im Dschungel, im Gebirge und in der freien Ebene, die Merkmale der vier Jahreszeiten, die Regeln für das Zusammenleben im Rudel.

Oft lief Mowgli auch mit seinem liebsten Freund, dem Panther Baghira, durch den Wald.

Und einmal in jedem Monat, immer bei Vollmond, nahm er seinen Platz am Wolfsfelsen ein, inmitten der anderen Wölfe. Mowgli war stark, schnell und mutig. Er lebte und fühlte wie ein Wolf, und nur manchmal merkte er, dass er anders war. Zum Beispiel war er der Einzige im ganzen Rudel, der seinen Gefährten mit den Fingern Dornen aus den Pfoten ziehen konnte.

Und noch etwas hatte er, was den anderen fremd war: Jedes Mal, wenn er einem Wolf direkt in die Augen schaute, drehte der andere den Kopf weg. Kein Tier konnte Mowglis Menschenblick aushalten. Das fand er lustig, und er probierte es immer wieder aus. Am liebsten ärgerte er damit seinen Lehrer, den Bären Balu. Wenn Balu ihm etwas erklärte, konnte es passieren, dass Mowgli ihm mitten ins Gesicht starrte, bis Balu nervös wurde und den Kopf abwenden musste. Aber Balu

war ihm deshalb nicht böse. Denn Mowgli war ihm unter allen seinen Schülern der liebste, weil er der wissbegierigste war. Die jungen Wölfe lernten nicht so gern wie Mowgli. Sie interessierten sich nur für die Jagdregeln der Wölfe und wollten nichts über das Leben der anderen Tiere erfahren. Mowgli aber lernte nicht nur, wie ein Wolf zu laufen und zu jagen. Er lernte auch klettern und schwimmen. Er lernte, dass Früchte genauso essbar sind wie das Fleisch der Böcke und Ziegen. Er lernte einen morschen Ast von einem festen zu unterscheiden. Er lernte, wie man die Wasserschlangen warnen muss, bevor man in einen Teich springt, und wie man sich bei den Bienen entschuldigt, wenn man etwas von ihrem Honig nimmt. Er lernte die Lebensweise der anderen Tiere kennen und achten. Er lernte, wie man sich aus einer schwierigen Lage befreit. Und er lernte, dass man andere um Hilfe bitten muss, wenn man sich selber nicht helfen kann. Vor allem aber lernte er das geheime Losungswort, das alle Tiere des Dschungels kennen und mit dem man anzeigen kann, dass man sich in freundlicher Absicht nähert.

»Du und ich, wir sind vom gleichen Blut!«, sagte der Bär seinem Schüler immer wieder vor.

Und Mowgli wiederholte diese wichtigen Worte und merkte sie sich. Er hatte seinen Lehrer Balu sehr gern. Aber manchmal hatte er auch keine Lust zum Lernen, genauso wie seine Wolfsbrüder. Dann lief er weg und trieb sich im Dschungel herum und beobachtete die anderen Tiere.

Dabei lerne ich doch auch etwas!, dachte Mowgli.

Wenn er dann am nächsten Tag zurückkam, ließ ihn Balu zur Strafe die doppelte Zeit lernen. Auch der Panther Baghira schimpfte mit ihm. Mowgli ärgerte sich und sagte: »Wenn ihr

so streng mit mir seid, komme ich eines Tages gar nicht mehr wieder. Ich gründe sowieso bald mein eigenes Rudel! Dann klettern wir den ganzen Tag in den Bäumen herum und essen süße Früchte.«

»Was redest du für Unsinn«, wunderte sich Baghira. »Welches Rudel klettert denn auf Bäume? Du musst noch viel lernen!« Balu aber sagte böse: »Ich ahne, wovon du sprichst! Du bist bei den grauen Affen gewesen. Das ist eine große Schande!«

»Wieso?«, widersprach Mowgli. »Die Affen sind doch nett. Sie haben gesagt, dass sie und ich Blutsverwandte sind. Deshalb soll ich ihr König sein und in einem herrlichen Palast wohnen. Bei ihnen muss ich nicht den ganzen Tag lernen.«

»Du dummes Menschenkind!«, brummte Balu ärgerlich. »Was glaubst du, warum ich dir nie von den Affen erzählt habe? Sie sind es nicht wert, dass man über sie redet. Sie haben keine Regeln, nach denen sie leben. Sie prahlen, schwatzen und lügen. Wenn sie heute etwas versprechen, haben sie es morgen schon vergessen. Sie reißen die Früchte von den Bäumen und spielen damit, sodass man sie nicht mehr essen kann. Sie quälen Tiere, die schwächer sind. Wenn jemand Hilfe braucht, dann lachen sie ihn nur aus. Sie verachten alle anderen Tiere und haben keine Freunde. Niemand trinkt dort, wo die Affen trinken, niemand legt sich dort zum Schlafen nieder, wo zuvor die Affen geschlafen haben, denn sie hinterlassen überall ihren Schmutz. Die Affen behaupten, dass sie die Herren des Dschungels sind, weil sie auf zwei Beinen gehen können wie die Menschen. Aber wir anderen Tiere hören einfach nicht auf ihr Geschwätz. Die grauen Affen sind dumm, frech und böse.«

»Das glaube ich nicht«, maulte Mowgli. »Sie haben mir Nüsse geschenkt und mit mir Verstecken gespielt.«

»Jetzt reicht es, Kleiner Frosch!«, sagte Baghira streng. »Glaubst du im Ernst, dieses liederliche Volk braucht einen König? Höre auf deinen Lehrer und merke dir, was er über die grauen Affen gesagt hat. Jedes einzelne Wort, verstanden?«
»Ja, Baghira«, murmelte Mowgli und verzog sich hinter einen Busch. Aber statt über Balus Worte nachzudenken, rollte er sich im Schatten zusammen und schlief ein.
»Du hättest ihn vor den Affen warnen sollen!«, sagte Baghira zu Balu.
Der Bär nickte bekümmert. »Kein Tier spricht über die Affen, wenn es nicht unbedingt sein muss. Ich habe Mowgli schon so viel beigebracht. Wie hätte ich wissen sollen, dass er das Affengeschwätz ernst nimmt?«
Da erhob sich auf einmal in den Baumkronen ringsum lautes Kreischen und Grölen. Zweige und Früchte prasselten herab.

Hunderte von grauen Affen tobten durch das Geäst. Sie bewarfen Balu und Baghira mit Dreck und alten Vogelnestern, riefen Schimpfworte und schrien: »Wir sind die Herren des Dschungels! Wir sind die Klügsten, die Wichtigsten, die Allerschönsten!«

Ebenso plötzlich, wie er begonnen hatte, verstummte der Lärm wieder. Die Affen stoben durch die Wipfel davon, alle auf einmal. Und im nächsten Augenblick war es ganz still, als wären sie nie da gewesen.

»Sie haben wirklich kein bisschen Verstand!«, sagte Balu zu Baghira. Und dann rief er nach seinem kleinen Schützling. »Hast du gehört und gesehen, Mowgli? Glaubst du mir jetzt, was ich über die grauen Affen gesagt habe? Willst du wirklich König werden in diesem liederlichen Haufen?«
Mowgli antwortete nicht.
Balu seufzte. »Er spricht nicht mit mir, dieser Dickkopf!«
Doch der Panther sah plötzlich sehr besorgt aus. Er sprang auf und schaute hinter den Busch. Das Gras war niedergedrückt an der Stelle, wo Mowgli gelegen hatte.
»Er ist weg!«, sagte Baghira.
»Kleiner Frosch?«, rief Balu aufgeregt. »Hast du dich versteckt?« Er zerteilte mit seinen Tatzen die Zweige der Büsche, aber er ahnte schon, dass er seinen Schützling nicht mehr hier finden würde.
Mowgli war spurlos verschwunden.

Der Adler und die Schlange

Verzweifelt liefen Balu und Baghira durch den Dschungel und suchten nach dem verschwundenen Mowgli.

Sie glaubten, dass die grauen Affen Mowgli durch die Baumwipfel entführt hatten. Deshalb rannten sie dem Geschrei hinterher, das ihnen anzeigte, in welche Richtung die Affenbande flüchtete. Aber die Affen schwangen sich so schnell von einer Baumkrone zur nächsten, dass Bär und Panther ihnen bald nicht mehr folgen konnten.

Als sie die Affen nicht mehr hörten, folgten Balu und Baghira noch eine Zeit lang der Spur aus abgerissenen Zweigen und Blättern. Schließlich kletterte Baghira auf einen hohen Baum. Aber er sah nur noch in der Ferne die Baumkronen schwanken und zittern. Dann waren die Affen mit dem entführten Mowgli endgültig verschwunden.

»Wie sollen wir unseren Kleinen Frosch wieder finden? Wohin schleppen sie ihn?«, klagte Balu.

Baghira sagte: »Das wissen sie selber nicht. Die Affen machen keine Pläne. Sie rennen los, und im nächsten Augenblick wechseln sie die Richtung. Mein kluger Freund Balu, was sollen wir nur tun?«

Plötzlich hörten sie über sich den Ruf des Adlers Tschil. »Bist du es, Baghira? Und du, Balu?«

Balu und Baghira traten unter den Baumkronen hervor, damit der Adler sie von oben sehen konnte. Tschil schwebte so

hoch über dem Dschungel, dass er von unten nicht größer als eine Biene wirkte. Aber seine scharfen Augen konnten alles erkennen, was sich auf der Erde bewegte.
»Ich habe den Kleinen Frosch gesehen!«, rief Tschil. »Die verrückten Affen schleifen ihn durch die Baumkronen davon. Das Menschenjunge rief mir meinen eigenen Jagdruf zu: Du und ich, wir sind vom gleichen Blut! Da wusste ich, dass es meine Hilfe brauchte. Es bat mich, den Weg der Affen zu beobachten und euch Nachricht zu geben. Es sieht ganz so aus, als könnte es sich nicht allein befreien.«
»Wo bringen sie Mowgli hin?«, fragte Balu voller Sorge.

Der Adler antwortete: »Das kann ich noch nicht genau sagen, denn die Affen rennen ständig im Kreis. Aber ich beobachte sie weiter!«

»Wie weit sind sie schon entfernt?«, wollte Baghira wissen. »Wie lange werden wir brauchen?«

Der Adler stieß einen schrillen Schrei aus. »Um sie noch vor Sonnenuntergang einzuholen, müsstet ihr fliegen können! Ihr allein könnt gegen die Affen sowieso nichts ausrichten. Es sind Hunderte! Ihr braucht Verbündete!«

Der Adler flog schnell wieder davon, um die Spur der Affen nicht zu verlieren.

»Verbündete!«, murmelte Balu. »Wer könnte uns helfen? Wer kann schnell laufen, wer kann hoch klettern, und vor wem fürchten sich die verrückten Affen? Ich weiß niemanden. Wenn sie vor jemandem Angst haben, flüchten sie einfach durch die Baumkronen. Und unseren Kleinen Frosch lassen sie womöglich fallen aus großer Höhe!«

»Doch, es gibt jemanden, der uns helfen kann«, schnurrte der Panther. »Die Riesenschlange Kaa! Kaa bewegt sich schnell am Boden, Kaa klettert auf die höchsten Bäume, und vor Kaa fürchtet sich jedes Tier des Dschungels. Denn wen die Riesenschlange anschaut und anspricht, der kann sich nicht mehr von der Stelle rühren und spaziert ganz von selber hinein in ihren gewaltigen Rachen . . .«

»So ist es«, sagte Balu unbehaglich. Ihm war nicht wohl bei dem Gedanken, ausgerechnet Kaa um Hilfe zu bitten. Aber ihm fiel nichts Besseres ein.

Und so eilten Mowglis Freunde zu dem schattigen Steinhaufen am Rande des Dschungels, wo Kaa sich während der größten Hitze gern ausruhte.

Sie hatten Glück. Kaa lag zusammengerollt auf den Steinen und hob träge den Kopf, als sie näher kamen.
»Großer Kaa, wir brauchen deine Hilfe!«, sagte Balu höflich. Schnell erzählte er, was geschehen war und was Tschil ihnen berichtet hatte.
»Sssossso«, zischte Kaa. »Die grauen Affen sind heute Morgen an meinem Lager vorbeigerannt und haben über mich gespottet. Beinloser gelber Regenwurm, so haben sie mich genannt. Ich habe große Lust, sie für diese Frechheit zu bestrafen. Wir wollen gleich losgehen, damit ich vor Anbruch der Nacht noch eine gute Portion Affenfleisch bekomme. Wo sssind sssie?«
Bedrückt sagte Balu: »Das wissen wir nicht genau.«
Aber da kreiste auf einmal wieder der Adler über ihnen. »Die Affen sind jetzt in der verlassenen Stadt mitten im Dschungel!«, rief er, als er Balu und Baghira erblickte. »Es sieht so aus, als wollten sie dort die Nacht verbringen. Der Kleine Frosch ist am Leben, ich habe ihn gesehen!«

»Danke, Tschil!«, schnaufte Balu erleichtert.

Baghira aber drängte: »Wir müssen uns beeilen! Der Weg bis zu der Ruinenstadt ist weit!«

Zu dritt brachen sie auf. Kaa kroch in raschen Windungen über Äste und Schlingpflanzen. Baghira sprang mit geschmeidigen Sätzen durch das Unterholz. Und Balu schob mit seinen starken Tatzen abgebrochene Äste aus dem Weg. Sie schonten ihre Kräfte nicht und gönnten sich keine Pause. Trotzdem sank schon die Nacht auf den Dschungel herab, als endlich die Ruinen der verlassenen Stadt vor ihnen aus dem Gebüsch aufragten.

In der verlassenen Stadt

Unsanft ließen die Affen Mowgli auf den Boden rutschen. Sie lockerten ihre Griffe um seine Arme und Beine.

Erleichtert reckte Mowgli seine Glieder. Alle Knochen taten ihm weh von der wilden Jagd durch die Baumkronen. Hunger hatte er und Durst. Er beobachtete die Affen, die auf den Mauern hockten und sich gegenseitig die Flöhe absuchten.

»Wo haben sie mich hingebracht?«, überlegte er. »Was ist das für ein seltsamer Ort?«

Der Boden unter seinen Füßen war mit bunten Steinen ausgelegt, überall zwischen den Bäumen standen Häuser mit eingestürzten Dächern und dunklen Fensterhöhlen. Diese Ruinen waren viel größer als die Menschenhütten am Fluss. Aber sie waren wohl schon lange unbewohnt. »Ist das hier euer Königreich?«, fragte Mowgli.

Die Affen aber beachteten ihn überhaupt nicht mehr. Sie hatten inzwischen vergessen, dass sie ihn entführt und hierher gebracht hatten.

»Ich bin hungrig!«, rief Mowgli den Affen zu. »Erlaubt mir, in eurem Gebiet zu jagen!«

Die Affen kreischten belustigt. Sie rissen Früchte von den Bäumen und warfen damit nach Mowgli. Die Früchte zerplatzten auf den Steinen.

»Ich sollte doch euer König werden«, sagte Mowgli. »Behandelt man so seinen König?«

Wieder lachten die Affen laut. Dann sprangen einige der größten und stärksten zu dem Jungen herunter. Und ehe Mowgli nur eine Hand rühren konnte, packten sie ihn wieder. Sie schleppten ihn zu einem Turm und warfen ihn durch das zerstörte Dach hinein.

»Das ist dein Palast, König!«, hörte Mowgli sie schreien.

Im Turm war es stockdunkel. Mowgli vernahm ein heftiges Zischen. Er erkannte die Stimmen der kleinen Schlangen, die in den Ritzen verlassener Häuser wohnen. Weil er wusste, dass ihr Biss giftig war, besann er sich darauf, was sein Lehrer Balu ihm beigebracht hatte.

»Ihr und ich, wir sind vom gleichen But!«, rief er in der Schlangensprache.

»Sssei vorsssichtig!«, antworteten ihm die Schlangen. »Passs auf, dasss du unsssere Nessster nicht zertrittssst!«

Mowgli wagte sich nicht zu rühren. Wie sollte er ohne Hilfe aus diesem Turm herauskommen?

Plötzlich war es draußen ganz still. Von den grauen Affen war kein Ton mehr zu hören. Aber jetzt vernahm Mowgli ein leises Geräusch – ein geheimnisvolles Schaben und Knistern. So, als ob jemand einen Haufen trockener Blätter über die Steine schieben würde.

»Das ist Kaa, die Riesenschlange«, flüsterten die kleinen Schlangen im Turm. »Kaa geht auf die Jagd. Das wird eine furchtbare Nacht für die grauen Affen!«

Und jetzt hörte Mowgli noch etwas anderes – die schleichenden Schritte eines Panthers und das Tapsen eines großen Bären.

»Ihr habt mich gefunden!«, rief Mowgli erleichtert. »Hier bin ich, Balu! Im Turm, Baghira!«

Als der Panther und der Bär den Platz zwischen den Häusern

betraten, stürzten sich die Affen mit wildem Geschrei auf die Eindringlinge. Baghira biss und schlug mit den Tatzen nach ihnen. Aber so viele er auch traf, es sprangen immer neue herbei, und bald war er am ganzen Leib zerbissen und zerschunden.
Auch Balus gewaltiger Körper war von oben bis unten mit wütenden kleinen Affen bedeckt, die zwickten, kratzten und ihm das Fell in ganzen Büscheln ausrissen. Er wälzte sich am Boden und versuchte sie so loszuwerden. Aber Kaa hatte Recht gehabt: Es waren einfach zu viele!
»Wo ist die Riesenschlange?«, schrie Balu. »Warum hilft Kaa uns nicht?«

Kaa jedoch war über die steinerne Terrasse hinüber zum Turm gekrochen. Seine schuppige Haut raschelte auf den Steinen.
»Bist du da drin, Kleiner Frosch?«, zischelte er.
»Er ist hier!«, antworteten die Giftschlangen.
Kaa richtete seinen Schlangenleib auf und stand einen Atemzug lang wie ein Baum vor dem Turm. Dann schwang er seinen Kopf gegen die Mauer des Turmes und schlug zu, immer wieder. So stark war Kaa, dass die Steine zerbrachen und Mowgli durch das Loch ins Freie kriechen konnte.
Mit höflichen Worten dankte er der Riesenschlange dafür, dass sie ihn befreit hatte. Aber da sah er, dass seine Freunde sich in Lebensgefahr befanden. Sofort wollte er zu ihnen hinrennen.
Doch Kaa hielt ihn zurück. »Das ist meine Sache«, sagte er. »Beinloser gelber Regenwurm haben sie mich genannt, diese dummen Affen. Tsssss!«
Kaa wand sich über die Terrasse, richtete sich noch einmal auf und stieß ein langes, Furcht erregendes Zischen aus.

Sofort erstarrten alle Affen mitten in der Bewegung. Balu und Baghira konnten ihre Angreifer mühelos abschütteln.

Kaa begann seinen Kopf hin und her zu schwingen, sein ganzer großer Schlangenleib schaukelte wie in einem Tanz. Und immer wieder stieß er dieses schreckliche Zischen aus.

Gebannt beobachteten Baghira, Balu und der befreite Mowgli, wie die Affen mit starren Blicken und gesträubtem Fell immer näher zu Kaa rückten, als würden sie an unsichtbaren Seilen zu ihm hingezogen. Immer enger wurde der Kreis der angstvoll zitternden Affen um die tanzende Riesenschlange.

Plötzlich merkte Mowgli, dass auch Balu und Baghira von Kaas magischem Tanz angezogen wurden, dass auch sie

Schritt für Schritt zu Kaa hinstrebten. »Was habt ihr denn?«, fragte er erstaunt. »Ihr zittert ja genauso wie die Affen! Das ist doch nur der alter Kaa, der auf die Affenjagd geht.«

»Kommt fort von hier!«, flüsterte Baghira. »Wenn Kaa seinen Tanz beginnt, dann ist kein einziges Tier sicher vor seinem magischen Blick und vor seiner schrecklichen Stimme. Leg deine Hände auf unser Fell, Kleiner Frosch, und führe uns schnell weg. Sonst lassen wir uns auch noch freiwillig verschlingen von Kaa.«

Mowgli zuckte mit den Schultern, aber er tat, was der Panther sagte. Schweigend gingen Balu, Baghira und Mowgli durch den Dschungel, heim zu den Sioni-Bergen.

Lange fühlten Mowglis Hände durch das Fell seiner beiden Freunde hindurch noch die Angst, die Kaa mit seinem Tanz bei ihnen ausgelöst hatte. Erst als er spürte, wie der Bann allmählich von ihnen wich, wagte er zu sprechen.

»Es tut mir Leid«, sagte Mowgli. »Ich bin dumm gewesen. Aber heute habe ich gelernt, dass ich den grauen Affen nicht trauen darf. Dein Rücken ist mit Wunden bedeckt, Baghira. Und dein Maul blutet, Balu.«

»Andere bluten auch«, brummte Balu. »Kaa wird eine große Mahlzeit haben heute Nacht, in der verlassenen Stadt. Wir haben dich wieder, Kleiner Frosch. Alles andere besprechen wir morgen.«

Baghira zeigte nur schweigend seine weißen Zähne.

Da ahnte Mowgli, dass ihn eine Strafe erwartete. Und er wusste auch, dass er die Strafe verdient hatte.

Die Rote Blume

Mowgli war nun kein Kind mehr. Er kannte alle Gesetze des Dschungels und die Losungsworte aller Tiere. Jeden Tag ging er mit dem Wolfsrudel auf die Jagd, und die Wölfe behandelten ihn als ihresgleichen.

Aber ganz allmählich änderten die Wölfe ihr Verhalten – so langsam, dass Mowgli es zunächst gar nicht bemerkte. Schuld an dieser Veränderung war kein anderer als der Tiger Shir Khan.

Mowgli begegnete dem Tiger öfter im Dschungel. Denn seit der Leitwolf Akela älter und schwächer wurde, versuchte Schir Khan, die Jungwölfe für sich zu gewinnen. Er schenkte ihnen die Reste von seiner Jagdbeute, und die jungen Wölfe gewöhnten sich daran, ihm nachzulaufen. Es war einfacher, sich von Schir Khan etwas hinwerfen zu lassen, als selber auf die Jagd zu gehen. So kam es, dass die Jungwölfe begannen, mehr auf die Reden des Tigers zu hören als auf die alten Wölfe im Rudel.

»Ich verstehe nicht, warum ihr dem Menschenjungen erlaubt, in der Versammlung am Wolfsfelsen zu sprechen!«, sagte Schir Khan. »Stimmt es, dass ihr nicht einmal wagt, in seine Augen zu schauen?«

Die jungen Wölfe knurrten böse und antworteten: »Du hast Recht, mächtiger Schir Khan.«

Der Panther Baghira warnte Mowgli vor den Machenschaften des Tigers. »Eines Tages musst du Schir Khan töten!«, sagte er. »Der Tiger hat nicht vergessen, dass du ihm davongelaufen bist, als du noch ein kleines Kind warst. Er betrachtet dich immer noch als seine Beute. Und irgendwann werden dich die Jungwölfe verraten.«

»Das glaube ich nicht!«, widersprach Mowgli. »Warum sollten sie das tun? Wir jagen zusammen, wir spielen miteinander. Ich habe fast mein ganzes Leben mit den Wölfen verbracht. Niemals habe ich die Dschungelgesetze gebrochen. Die Wölfe sind doch meine Brüder!«

»Hör zu, Mowgli!«, sagte Baghira sehr ernst. »Ich erzähle dir jetzt ein Geheimnis. Nicht immer bin ich ein freier Panther gewesen. Ich bin im Käfig geboren, bei den Menschen. Meine gesamte Jugend verbrachte ich in der Gefangenschaft. Erst als ich erwachsen war, zerbrach ich mit meinen Pranken das eiserne Schloss und floh in den Dschungel.«

Staunend lauschte Mowgli. Das hatte er nicht geahnt!

»Ich musste die Menschen verlassen, weil ich ein Panther bin«, sprach Baghira weiter. »Und genauso wirst du eines Tages die Wölfe verlassen, weil du ein Mensch bist. Deine Wolfseltern und deine Wolfsbrüder lieben dich, als wärest du einer von ihnen. Aber die anderen Wölfe spüren genau, dass du anders bist als sie. Schir Khan hetzt sie auf, und er wird sie noch dazu bringen, dich für ihn zu töten. Natürlich kannst du darauf vertrauen, dass deine Familie dir helfen wird. Auch Balu und ich werden dich verteidigen. Aber die anderen sind viel mehr als wir. Du darfst nicht einfach warten, bis sie dich angreifen!«

»Ich weiß, du würdest mich nie belügen!«, antwortete Mowgli

bedrückt. »Doch es fällt mir schwer, das alles zu glauben. Was soll ich nur tun, Baghira?«

Baghira schwieg lange und überlegte. Dann sagte er: »Als ich bei den Menschen lebte, habe ich die Rote Blume gesehen, die sie dort haben. Sie nennen sie Feuer. Diese Blume wächst in kleinen eisernen Töpfen, sie wird mit Holz gefüttert, sie ist heiß und gefährlich. Alle Tiere fürchten sich vor dem Feuer. Du musst in der Nacht zu den Hütten der Menschen laufen und etwas von der Roten Blume holen.«

Mowgli folgte dem Rat des Panthers. Als es dunkelte, machte er sich auf den Weg zu den Menschen. Im Tal beobachtete er, wie das Wolfsrudel auf die Jagd ging. Die jungen Wölfe trieben Akela einen kräftigen Hirsch entgegen. Der alte Akela sprang den Hirsch an, aber der war so stark, dass er Akela abschüttelte und davon lief.

Die anderen Wölfe halfen Akela nicht, sondern heulten höhnisch über seine Schwäche. »Deine Zeit ist um, Akela! Nicht länger darfst du unser Leitwolf sein! Schir Khan soll unser Rudel anführen!«

Als Mowgli das hörte, zweifelte er nicht mehr daran, dass Baghira die Wahrheit gesagt hatte. Er rannte so schnell er konnte zum Dorf am Fluss. Gleich vor der ersten Hütte sah er ein Kind mit einem Topf voller Glut auf der Erde hocken. Das Kind fütterte die Rote Blume mit Holzstückchen, sodass die Flammen auflderten. Mowgli sprang hinzu, entriss dem Kind den Feuertopf und rannte zurück.

Er kam beim Versammlungsplatz der Wölfe an, als gerade der Vollmond über den Sioni-Bergen aufging. Da sah Mowgli, dass

die jungen Wölfe Akela von seinem Felsen hinunterstießen. »Nimm du Akelas Platz ein, Schir Khan!«, riefen die Wölfe. Langsam näherte sich der Tiger dem Felsen. »Tötet Akela!«, fauchte er. »Das ist der Preis dafür, dass ich euch als mein Gefolge annehme. Und dann treibt mir Mowgli zu. Er gehört mir, ihr wisst es.«

Die Jungwölfe heulten zustimmend. Akela stand auf, um sich seinem Rudel zum Kampf zu stellen. Auf den Moment hatte Mowgli gewartet. Er trat auf den Platz, steckte einen Ast in den Feuertopf und schwenkte ihn, sodass die Funken flogen.

»Wer will Akela töten?«, schrie er. Die Wölfe knurrten und stemmten wütend die Beine auf die Erde. Die Haare sträubten sich auf ihren Rücken. Sie wagten nicht, Mowgli oder Akela anzugreifen, denn sie fürchteten sich vor der Roten Blume.

»Und du, alter lahmer Langri«, sagte Mowgli und ging drohend auf Schir Khan zu. »Du willst mich haben? Dann komm her, los! Hol dir deine Beute!«

Mowgli schwang den brennenden Ast dicht vor Schir Khans zornig aufgerissenem Rachen. Die Funken versengten dem Tiger die Barthaare und die Ohren. Schir Khan wich zurück, Schritt für Schritt. Schließlich machte er einen gewaltigen Satz rückwärts und verschwand im Dschungel.

»Was ist mit euch?«, rief Mowgli den Wölfen entgegen, die vorsichtigen Abstand hielten zu ihm und seiner Roten Blume. »Wart ihr nicht so lange meine Brüder? Und jetzt wollt ihr mich töten, weil der Tiger es verlangt? Ihr seid keine Wölfe, ihr seid verräterische Hunde! Schert euch fort, oder ich versenge euch das Fell!«

Schnell wandten sich die Wölfe ab und rannten davon.

Nur Akela und Mowglis Wolfseltern mit ihren vier Söhnen blieben noch neben dem Felsen stehen.

»Baghira hatte Recht!«, sagte Mowgli. Seine Stimme zitterte, und plötzlich lief Wasser aus seinen Augen, immer mehr Wasser, das salzig schmeckte.

»Was ist das?«, stammelte er verwirrt. »Muss ich jetzt sterben?«

»Nein«, brummte Balu, der mit Baghira hinter dem Felsen gewartet hatte, um Mowgli notfalls zu Hilfe zu kommen. »Das sind Tränen, kleiner Frosch. Die Menschen weinen, wenn sie traurig sind. Tiere haben keine Tränen.«

»Ja, ich bin traurig, Balu!«, schluchzte Mowgli. »Ich weine, weil ich ein Mensch bin. Baghira hat gesagt, dass ich euch verlassen muss. Aber eines Tages kehre ich zurück. Und dann werde ich dir Schir Khans Fell auf deinen Felsen legen, Akela! Lebt wohl, Vater, Mutter, Brüder . . .«

»Vergiss uns nicht!«, sagte Akela.

»Niemals werde ich euch vergessen!«, rief Mowgli.

Er hatte sich schon umgedreht, er rannte den Hügel hinunter. Die Zurückgebliebenen sahen noch den Feuerschein von dem brennenden Ast in seiner Hand. Dann hatte die Dunkelheit Mowgli verschluckt.

Die Hütten der Menschen

Mowgli hatte Abschied von seiner Wolfsfamilie genommen und verließ die Sioni-Berge.
Er war traurig, weil er nicht länger im Rudel leben durfte. Nach seinem Sieg am Wolfsfelsen waren ihm viele seiner früheren Freunde jetzt feindlich gesinnt. Obwohl er so viele Jahre mit ihnen auf die Jagd gegangen war, hatten sie ihn verstoßen, weil er ein Mensch war und einiges konnte, was sie nie gelernt hatten.

Von nun an wollte Mowgli weit weg vom Jagdrevier der Sioni-Wölfe leben. In raschem Wolfstrab lief er bergab. Bald hatte er das Gebirge hinter sich gelassen. Er lief viele Stunden, hielt sich immer am Rand des Dschungels und folgte einem Bach.

Als der Tag zu Ende ging, gelangte er in ein Tal, das mit saftigem Gras bewachsen war. Auf den Wiesen grasten Rinder und Büffel. Am Ausgang des Tales, von steilen Felsen umgeben, stand ein Dorf.

Mowgli verbarg sich im Gebüsch. Zum ersten Mal sah er eine menschliche Ansiedlung bei Tageslicht. Zwischen den Hütten stieg Rauch auf. Mowgli wusste, dass der Rauch von der Roten Blume kam, die von den Menschen Feuer genannt wurde. Mit dem Rauch zog der Geruch von gebratenem Fleisch zu ihm herüber.

Mowgli war hungrig nach seinem langen Lauf. Vorsichtig verließ er sein Versteck und näherte sich dem Dorf. Er sah, dass alle Häuser von Zäunen umgeben waren, von Zäunen aus dornigen Ästen. Auch um das gesamte Dorf zog sich so ein stachliger Schutzzaun.

Die Menschen haben Angst vor den Tieren des Dschungels, dachte Mowgli.

Mühelos sprang er über mehrere Zäune, ohne sich an den Dornen zu ritzen. Auf einmal hörte er hinter sich das dumpfe Trappeln einer Büffelherde. Er sah, wie ein Junge die Herde mit lautem Geschrei auf das Dorf zu trieb.

»Vorwärts, Rama!«, schrie der Kleine und schlug dem Leitbullen mit einem Stöckchen auf den Rücken.

Der riesige Bulle gehorchte dem Kind und lief durch ein Gatter auf eine umzäunte Fläche. Als die gesamte Herde dem Leitbullen gefolgt war, schloss der Junge das Gittertor. Dabei

erblickte er den seltsamen Fremden, der sich hinter dem Zaun aufrichtete und ihm Zeichen mit den Händen machte.

Das Kind erschrak, warf sein Stöckchen weg und rannte schreiend zu einer der Hütten.

Ärgerlich folgte Mowgli dem Jungen.

»Warum schreit der denn so?«, überlegte er. »Ich habe ihm doch gar nichts getan!«

Als er auf dem Dorfplatz ankam, ging er sofort auf das Feuer zu, das vor der ersten Hütte brannte. Auf den Flammen stand ein eiserner Topf. Mowgli schlug den Deckel vom Topf und griff nach dem Huhn, das darin brutzelte.

Aber plötzlich bekam er einen Schlag auf den Rücken. Er ließ das heiße Huhn fallen und drehte sich blitzschnell um. Vor ihm stand eine Frau, die mit einem Besen nach ihm schlug.

Mowgli nahm ihr den Besen weg und zeigte mit der Hand auf seinen weit aufgerissenen Mund und dann auf das Huhn.

Sie muss doch verstehen, dass ich Hunger habe!, dachte er.

Aber die Frau starrte ihn nur an, als wäre er ein Geist. Plötzlich schluchzte sie auf und umarmte ihn.

»Du bist mein Sohn!«, stammelte sie. »Mein Sohn Nathu, den vor vielen Jahren der Tiger fortgeschleppt hat! Wir dachten alle, du bist tot!«

Mowgli stand stocksteif da, während ihm die Frau mit ihren Lippen die Wangen und den Mund abschmatzte. Er verstand die Sprache der Menschen nicht und wusste nicht, was er machen sollte.

Inzwischen liefen die Dorfbewohner mit Stöcken und Messern zusammen. Sie hatten das Geschrei gehört und wollten der Frau helfen. Aber nun sahen sie verblüfft, wie sie einen Fremden küsste.

Auch der Dorfpriester kam aus seiner Hütte.

»Das ist er!«, rief der kleine Büffelhirt, der vor Mowgli weggelaufen war, und zeigte mit dem Finger auf ihn. »Er wollte unsere Herde stehlen. Aber ich habe ihn mit meinem Stock vertrieben!«

»Was ist passiert, Messua?«, fragte der Priester die Frau.

»Das ist kein Büffeldieb, das ist mein Nathu!«, rief die Frau unter Lachen und Schluchzen.

»Ein Wunder!«, flüsterten die Nachbarn.

Nur der alte Jäger Buldeo, der als Einziger ein Gewehr besaß,

widersprach: »Es ist kein Wunder, Messua. Schau doch richtig hin. Das kann nicht dein Sohn sein, das ist ein Wolfskind. Ich habe erzählen hören, dass die Wölfe manchmal Kinder entführen und sie mit ihren eigenen Jungen aufziehen. Sieh doch, wie viele Narben von Wolfsbissen er an seinem Körper hat. Wie lang und schmutzig seine Haare sind! Und wie seine Fingernägel aussehen – wie Wolfskrallen!«

»Und doch ist es mein Nathu!«, entgegnete Messua. »Ich werde doch meinen Sohn wieder erkennen, auch wenn so viele Jahre vergangen sind. Komm mit in meine Hütte, Nathu. Ich will

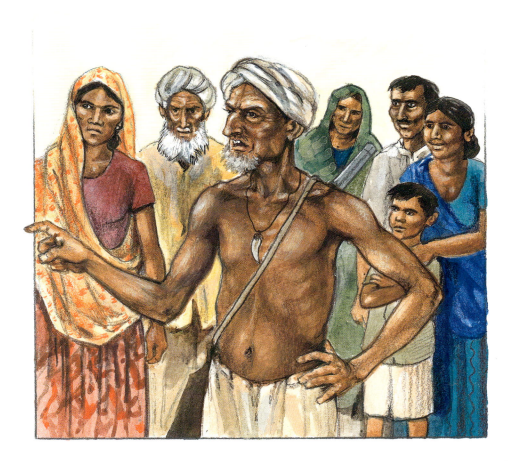

dich baden und dir zu essen geben. Ich will dir ein Hemd und Sandalen anziehen. Du sollst nie wieder fortgehen!«

»Ein Wolfskind!«, murmelten die Leute. »Jagt den Fremden weg, er wird unsere Kinder beißen!«

»Wir sollten dankbar sein und uns mit Messua freuen«, sagte aber der Priester. »Dieser junge Mann ist zweifellos ein Mensch und kein Wolf. Wenn er eine Weile bei uns gelebt hat, wird er unsere Sprache lernen. Dann kann er uns erzählen, ob er wirklich von Wölfen aufgezogen wurde. Für den Anfang kann er sich bei den Büffelherden nützlich machen. Seht doch, wie stark seine Muskeln sind!«

Mowgli verstand von alldem kein einziges Wort. Aber er merkte genau, dass die Dorfbewohner über ihn sprachen. Und dass es darum ging, ob er hier bleiben sollte oder fortgejagt würde. Er erinnerte sich an seine Aufnahme in das Wolfsrudel vor langer Zeit, als er noch klein gewesen war. Damals war es genauso gewesen – und seine Wolfsmutter hatte ihn behalten wollen, ebenso wie jetzt diese Menschenfrau.

Messua ging zu ihrer Hütte und brachte einen Topf Milch und ein Stück frisches, warmes Brot heraus.

Gierig aß und trank Mowgli, und dann folgte er Messua neugierig in die Hütte.

Die Hütte war nicht so fest und sicher wie die Wolfshöhle, das sah Mowgli sofort. Das Dach bestand aus Strohbündeln. Das Fenster war nur mit einer dünnen Tierhaut bespannt.

Hier kann ein Tiger leicht eindringen, dachte er. Wenn die Menschen nicht diese Rote Blume hätten, wären sie wohl eine leichte Beute für jedes Raubtier.

Er schaute sich in der Hütte um, während Messua ihn liebevoll betrachtete.

An der einen Wand stand ein breites Bett, davor eine bunt bemalte Truhe. Auf einem Regal blitzten Flaschen aus Glas und kupferne Töpfe. Und daneben hing ein Spiegel in einem geschnitzten Rahmen.

Alle diese Gegenstände verwirrten Mowgli sehr. Er hatte solche Dinge noch nie gesehen und wusste nicht, wozu sie nützen konnten.

Auf einmal merkte er, wie müde er war – erschöpft von der langen Wanderung, von der Begegnung mit den Menschen und den vielen neuen Eindrücken. Er legte sich in den Winkel neben dem Regal und schloss die Augen. Aber er konnte nicht gleich einschlafen. Sein Herz schmerzte, denn er musste an den Abschied von seinen Wolfseltern denken.

»Wenn ich kein Wolf mehr sein darf«, grübelte Mowgli, »dann muss ich wohl ein Mensch werden und mit den Menschen in ihrem Rudel leben.«

Auf einmal kniete Messua neben ihm auf dem Boden.

»Komm, mein Nathu« sagte sie. »Du musst nicht auf der Erde schlafen. Leg dich ins Bett, auf die weichen Kissen, und nimm dir eine Decke gegen die Nachtkälte. Du bist doch hier zu Hause. Alles in dieser Hütte gehört dir.«

Aber Mowgli verstand sie nicht. Er wusste ja auch nicht, wozu ein Bett da war. Also ließ ihn Messua in seinem Winkel liegen. Sie holte vom Bett eine weiche Decke. Und als sie ihn damit zudeckte, schlief er ein.

So begann Mowglis Leben bei den Menschen.

Der Kampf mit dem Tiger

Als die Sonne aufging, ritt Mowgli auf dem Rücken des Bullen Rama langsam durch das Dorf. Aus den Ställen kamen die anderen Büffel, einer nach dem anderen. Gemächlich folgten die blaugrauen Tiere mit den langen geschwungenen Hörnern und den wilden Augen ihrem Leitbullen und dem neuen Hirten.

Mowgli führte die Herde durch die Ebene bis zum Waingunga-Fluss. Dort ließ er die Tiere grasen und im flachen Wasser trinken, bis sie satt waren. Als die Sonne höher stieg, legten sich die Büffel am Ufer in den kühlen Schlamm, um sich auszuruhen.

Die Felsen am Rand der Ebene flimmerten in der Hitze. Mowgli setzte sich in den Schatten einer Bambushecke und beobachtete die Herde. Plötzlich spürte er, dass er nicht mehr allein war. Sein ältester Wolfsbruder trat hinter der Hecke hervor.

»Endlich finde ich dich!«, sagte der Wolf. Er beschnüffelte Mowgli und schüttelte den Kopf. »Du riechst schon wie ein Mensch – nach Rauch und nach Büffeln.«

»Grauer Bruder!« Mowgli umarmte den Wolf. »Geht es allen gut zu Hause?«

»Unserer Familie geht es gut!«, antwortete der Wolfsbruder. »Aber ich bringe wichtige Neuigkeiten. Schir Khan ist dir auf der Spur! Er hat geschworen, dich zu töten. Denn er ärgert sich, weil die Tiere im Dschungel behaupten, dass er nicht einmal mit einem Menschenjungen fertig wird.«

Mowgli lachte.

»Der lahme Langri will mich töten? Nein, Grauer Bruder, wir werden den Tiger töten und sein Fell auf den Wolfsfelsen legen. So habe ich es versprochen.«

Zufrieden rieb Grauer Bruder sein Fell an Mowglis Schulter. »Du hast nicht vergessen, dass du ein Wolf bist!«

»Nein«, antwortete Mowgli. »Aber ich habe auch nicht vergessen, dass mich das Rudel ausgestoßen hat!«

Grauer Bruder versprach, den Tiger genau zu beobachten.

Wenn der lahme Langri sich dem Flussufer oder dem Dorf näherte, wollte er Mowgli sofort zu Hilfe eilen.

Schon wenige Tage später war es so weit. Als die Büffel sich satt und zufrieden im Schlamm wälzten, suchte Mowgli seinen Schattenplatz auf. Dort wartete schon sein Wolfsbruder auf ihn – weit genug weg vom Flussufer, sodass die Büffel ihn nicht bemerken konnten. Und noch ein zweiter Wolf verbarg sich in der Bambushecke!

»Akela!«, jubelte Mowgli.

Der alte Leitwolf sagte: »Ich bin gekommen, um dir im Kampf gegen den Tiger zu helfen. Denn Schir Khan ist schon ganz in deiner Nähe.«

Grauer Bruder ergänzte: »Dort hinten in der Schlucht liegt er und schläft. Er wartet auf den Abend. Wenn du zum Dorf zurückkehrst, will er dir auflauern.«

»Er schläft?«, fragte Mowgli verwundert. »Glaubt er wirklich, dass ich warte, bis er aufwacht und über mich herfällt?«

Akela zeigte seine Zähne. »Schir Khan hat ein Wildschwein gerissen. Jetzt ist er satt und träge. Er rechnet nicht damit, dass er kämpfen muss. Nichts hat er gelernt aus seinen Niederlagen!«

»Umso besser!« Mowgli sprang auf die Füße und pfiff nach dem Leitbullen. »Rama, treib mir die Herde zusammen! Wir gehen auf die Tigerjagd!«

Aber Rama wälzte sich nur auf die andere Seite. Die Herde blieb doch immer bis zum Abend auf der Weide! Vorher musste er sie nie zusammentreiben.

Ungeduldig bat Mowgli die beiden Wölfe, die faulen Büffel aus dem Schlamm aufzuscheuchen. »Wir treiben die Herde in die Schlucht!«, sagte er. »Schir Khan wird völlig überrascht sein von unserem Überfall. Ehe er richtig wach ist, haben wir ihn in die Enge getrieben. Gegen eine wütende Büffelherde kann nicht einmal ein Tiger etwas ausrichten!«

Akela und Grauer Bruder liefen langsam über die Wiese zum Ufer. Die Büffel witterten die beiden Wölfe und wurden unruhig. Der getrocknete Schlamm knackte wie brechendes Holz, als sie sich erhoben. Der Leitbulle senkte den Kopf mit den gewaltigen Hörnern, um die Herde gegen die Raubtiere zu verteidigen.

»Treibt sie zusammen!«, rief Mowgli den Wölfen zu.
Dann sprang er auf Ramas Rücken und versuchte ihn zu beruhigen. Der Leitbulle konnte ja nicht wissen, dass diese Wölfe die Freunde seines neuen Hirten waren. Und dass er gemeinsam mit ihnen einen anderen Feind bekämpfen sollte.
Akela und Grauer Bruder liefen um die erschrockenen Büffel herum, kreisten sie ein und trieben sie ganz eng zusammen. Mowgli sprach immer noch auf Rama ein. Doch der Leitbulle vertraute ihm nicht. Zu tief saß die angeborene Angst vor den Wölfen in seinem Körper. Rama stellte sich an die Spitze der Herde, drehte sich um und raste los.
Genau im richtigen Moment machten Akela und Grauer Wolf

den Weg frei. Rama rannte auf die Felsenschlucht zu, die seiner Herde Schutz gegen die Wölfe bieten sollte. Die Büffel folgten ihm in wildem Galopp. Der Boden bebte unter ihren Hufen, und die aufgewirbelte Erde schwebte als braune Wolke über der Ebene.
Mowgli klammerte sich auf Ramas Rücken fest und feuerte ihn an: »Lauf, Rama, lauf! Wir jagen den Tiger!«
Und hinter der Herde hechelten die Wölfe her und sorgten dafür, dass die Tiere immer schneller rannten.

In der Schlucht erwachte der Tiger. Er hörte das Getöse der Büffel und begriff zu spät, dass Gefahr drohte. Gegen eine ganze Büffelherde würde er nichts ausrichten können. Er sprang auf und merkte, wie schwerfällig sein Körper nach der viel zu fetten Mahlzeit war. Wohin sollte er fliehen? Die Schlucht öffnete sich nur nach einer einzigen Richtung. Aber von dort näherten sich die rasenden Büffel. An den drei anderen Seiten ragten steile Felsen auf. Schir Khans sicherer Schlafplatz war zur Falle geworden.

Der Tiger wusste, dass ihm nicht viel Zeit blieb, um sein Leben zu retten. Er versuchte, die Felswand emporzuklettern. Doch seine Krallen fanden nirgendwo Halt. Er klammerte sich an den Sträuchern fest, die zwischen den Felsen wuchsen. Aber er war viel zu schwer und riss die Sträucher samt ihren Wurzeln herunter. Sollte er sich auf einen Baum flüchten? In der Schlucht wuchs jedoch nur ein dürrer Nussbaum, dessen Stamm ein einziger Büffel leicht umbrechen konnte.

In diesem Moment verdüsterte eine riesige Staubwolke die Sonne. Schir Khan erblickte die Büffelherde im Eingang der

Schlucht. Er riss seinen Rachen auf, ließ ein gewaltiges Brüllen hören und machte sich zum Kampf bereit.

Bis zu jenem Augenblick waren die Büffel vor den Wölfen geflüchtet. Jetzt aber witterte Rama den Tiger. Und plötzlich verstand er, was Mowgli ihm die ganze Zeit zugerufen hatte: Tigerjagd!

Er erblickte das riesige schwarz und gelb gestreifte Raubtier und hörte seinen Kampfschrei. Aber er fürchtete sich nicht. Denn er sah, dass der Tiger in der Falle saß. Er stieß ein tiefes, zorniges Schnauben aus und rannte auf den Tiger zu. Die Herde folgte Ramas Ruf und jagte in die Schlucht hinein.

»Gut so, mein kluger Rama!«, schrie Mowgli. »He, he, he! Schir Khan, wolltest du mich nicht töten?«

Aber Schir Khan hörte ihn schon nicht mehr. Die Herde war über ihn hinweggetrampelt. Er hatte nicht einmal die Tatze heben können.

Mowgli stimmte ein triumphierendes Wolfsgeheul an, verstummte dann aber gleich wieder, denn er wollte die Büffel nicht noch mehr in Aufregung versetzen. Er ließ die Herde bis zum Ende der Schlucht rennen. Dort blieben die Tiere schnaubend stehen. Sie rochen, dass der Tiger jetzt tot war, und beruhigten sich allmählich. Schließlich drehten sie sich um und ließen sich von Mowgli und Rama wieder zum Waingunga-Fluss führen.

Als Mowgli danach wieder in die Schlucht zurückkehrte, lagen die beiden Wölfe neben dem Tiger und warteten auf ihn. Jetzt erst jubelten sie alle drei laut und auf Wolfsart über ihren Sieg. Dann begann Mowgli dem Tiger das Fell abzuziehen.

»Wie ich es versprochen habe, werde ich Schir Khans Fell über den Wolfsfelsen breiten!«, sagte er. »Und Akela wird wieder als Leitwolf darauf sitzen. Wie in früheren Zeiten, als ich noch im Sioni-Rudel lebte!«

Flink und geschickt löste er das Fell von dem gewaltigen, fast drei Meter langen Körper des Tigers. Aber auf einmal hob er lauschend den Kopf. Im gleichen Augenblick zogen sich die beiden Wölfe lautlos in eine Felsspalte zurück.

Ein Mensch betrat die Schlucht.

Mowglis Heimkehr

Buldeo war im Gebirge unterwegs gewesen. Von einem Felsen aus hatte er beobachtet, wie Mowgli die Büffel in die Schlucht trieb.
Ich wusste doch gleich, dass dieser Wolfsmensch nur Unheil anrichtet!, dachte Buldeo erbost.
Er kletterte über die Felsen hinab. Als er endlich die Schlucht erreichte, hatte Mowgli die Herde längst zum Fluss zurückgebracht. Der Boden zwischen den Felsen war zerwühlt. Mitten in der Schlucht erblickte Buldeo einen riesigen toten Tiger, an dem sich der Wolfsmensch zu schaffen machte.
Buldeo hangelte sich an Büschen und Schlingpflanzen die letzten Meter hinunter und schlich von hinten auf Mowgli zu.
»Was machst du denn mit meinem Tiger?«, fragte er streng.
Mowgli lachte und zog weiter an dem Fell. »Dein Tiger?«, wiederholte er spöttisch.
»Jawohl!«, sagte Buldeo. »Das ist der Tiger mit dem lahmen Bein. Schon lange bin ich hinter ihm her! Dieser Tiger hat Menschen gejagt. Deshalb ist auf seinen Kopf eine hohe Prämie ausgesetzt. Ich werde das Fell in die Stadt bringen und mir die Belohnung holen. Geh schon weg, du hast doch keine Ahnung, wie man einem Tiger das Fell abzieht.«
Mowgli sagte laut: »Wie findest du das, Akela? Dieser Lügner behauptet, dass Schir Khans Fell ihm gehört!«
Noch ehe Buldeo begriff, an wen Mowglis Worte gerichtet waren, lag er schon rücklings auf der Erde. Und über ihm stand ein gro-

ßer grauer Wolf. Zitternd starrte Buldeo auf die gefletschten Zähne. Wo kam dieses Ungeheuer plötzlich her? Und wieso hörte es auf Mowglis Worte? Das konnte nur Zauberei sein!
»Verzeih mit, mächtiger Zauberer Mowgli!«, stotterte Buldeo. »Ich habe dich für einen einfachen Hirten gehalten. Woher sollte ich wissen, wer du in Wirklichkeit bist, oh Herr! Selbstverständlich gehört das Tigerfell dir! Ich habe ja nur gescherzt. Darf ich jetzt aufstehen, oder wird dein Diener mir die Kehle durchbeißen?«
»Lass ihn los, Akela!«, sagte Mowgli lässig.
Buldeo rappelte sich auf und rannte fort aus der Schlucht, ohne sich noch ein einziges Mal umzudrehen.

Als Mowgli fertig war, versteckte er das Tigerfell zwischen den Felsen. Die Sonne stand schon tief, und es war höchste Zeit, die Herde zurückzutreiben.
Die Wölfe begleiteten Mowgli bis zu dem Zaun aus dornigen Ästen, der das Dorf umgab. Erstaunt sah Mowgli, dass ein Feuer den Platz zwischen den Hütten erhellte. Alle Bewohner standen um das Feuer herum und hörten dem Jäger Buldeo zu, der aufgeregt etwas erzählte.
»Und auf einmal verzauberte er mich, sodass ich mich nicht mehr bewegen konnte!«, sagte Buldeo. »Ich habe es ja von Anfang an gewusst: Dieser Mowgli ist kein Mensch, er ist ein Geist, ein Zauberer, ein Dämon! Ich habe mit eigenen Augen gesehen, wie er sich in einen Tiger verwandelte!«
»Da ist er!«, schrien die Leute angstvoll, als Mowgli mit der Herde zwischen den Hütten auftauchte. »Da kommt der Dschungelgeist, der unsere Büffel rauben will! Schieß doch, Buldeo, schieß!«

Buldeo hob sein Gewehr und schoss. Schnell duckte Mowgli sich, und die Kugel verfehlte ihn.
»Komm weg hier!«, rief Grauer Bruder, der hinter dem Dornenzaun gewartet hatte. »Sie wollen dich töten!«

Mowgli zögerte. Wo sollte er hin? Die Wölfe hatten ihn aus ihrem Rudel vertrieben, und jetzt wollten ihn auch die Menschen nicht mehr haben.
Die Leute hatten plötzlich Steine in den Händen und warfen nach Mowgli.
»Lauf weg, mein Sohn!«, jammerte Messua, die Mowgli in ihre Hütte aufgenommen hatte. »Lauf weg, sie wollen dich steinigen!«
Schon traf ein Stein seine Schulter.
Mowgli stieß ein böses Wolfsknurren aus, sodass die Menschen erschrocken zurückwichen. Dann drehte er sich um und verschwand aus dem Lichtkreis des Feuers. In raschem Trab durchquerte er die finstere Ebene. Er spürte, dass Akela und Grauer Bruder neben ihm liefen. Gemeinsam rannten sie zu der Schlucht. Sie zogen das Tigerfell aus dem Versteck.
»Wohin gehen wir?«, fragte Grauer Bruder.
Mowgli antwortete: »Nach Hause, in die Sioni-Berge.«

Als der Mond aufging, sahen die Menschen in Messuas Dorf voller Entsetzen, wie ein zweibeiniges Wesen mit langen, flatternden Haaren über die Felder trabte. Das Wesen trug ein Tigerfell über den Schultern und rannte auf die Sioni-Berge zu. Zwei Wölfe liefen neben ihm her.
Zitternd schürten sie das Feuer. Sie schlugen auf ihre Trommeln und bliesen in die Hörner, um den gefährlichen Dämon zu vertreiben. Und Buldeo erzählte noch einmal, wie der Tigergeist ihn bedroht hatte. Er behauptete sogar, der Wolf hätte sich auf zwei Beine erhoben und mit Menschenstimme Zaubersprüche gerufen.

Die ganze Nacht lief Mowgli mit den beiden Wölfen durch das Gebirge. Als die Sterne verblassten und der erste Streifen Tageslicht sich zeigte, kamen sie endlich bei dem Wolfsfelsen an. Schneller als Mowglis Beine waren die Nachrichten durch den Dschungel geeilt.

»Mowgli ist wieder da!«, zischten die Schlangen, die im Dunklen jagen.

»Mowgli ist wieder da!«, riefen die Eulen, die in der Nacht zwischen den Bäumen fliegen.

»Mowgli ist zurückgekehrt!«, gurrten die kleinen Tauben, die bei Sonnenaufgang aus ihren Nestern flattern.

Die Wölfe hatten die Nachricht vernommen. Viele von ihnen warteten schon an ihrem alten Versammlungsplatz, als Mowgli dort eintraf. Aber er schaute niemanden an, und er redete mit keinem der Wölfe. Stumm ging er zum Wolfsfelsen und breitete Schir Khans Fell aus. Die gelben und schwarzen Streifen glänzten im Morgenlicht.

»Du bist ein Held, Mowgli!«, heulten die Wölfe. »Wir freuen uns, dass du Schir Khan getötet hast und heimgekehrt bist. Der Tiger ist tot, nun ist alles wie früher. Akela soll wieder unser Leitwolf sein.«

Akela ließ sich auf dem Tigerfell nieder. Lange blickte er in die Runde, ehe er zu den Wölfen sprach.

»Nichts ist wie früher!«, sagte er dann. »Habt ihr vergessen, wie ihr Mowgli aus dem Rudel ausgeschlossen habt? Wie ihr mich von meinem Felsen vertrieben habt und dem Tiger gefolgt seid? Ich vertraue euch nicht mehr.«

»Wir gründen jetzt unser eigenes Rudel!«, rief Mowgli.

Seine Wolfseltern stellten sich neben ihn und auch seine vier Wolfsbrüder.

Und plötzlich raschelte es, und zwei Gestalten kamen hinter dem Felsen hervor.

»Wir wollen auch mit dir jagen, Kleiner Frosch!«, schnurrte Baghira der Panther.

Und der Bär Balu brummte: »Es war richtig langweilig ohne dich, Mowgli!«

Hoch richtete sich Akela auf seinem Felsen auf und rief: »Die Sioni-Berge sind groß genug. Sucht euch ein neues Jagdrevier, ihr Untreuen!«

Die Wölfe wagten nicht, Akela zu widersprechen. Mit hängenden Köpfen schlichen sie davon.

Von nun an lebte Mowgli in seinem eigenen Rudel, zusammen mit seiner Wolfsfamilie und seinen Freunden Baghira und Balu. Viele Jahre jagten sie gemeinsam im Dschungel.
Nach langer Zeit ging Mowgli dann doch noch einmal zurück zu den Menschen, um sich eine Frau zu suchen. Aber das ist eine ganz andere Geschichte.